AF542602

Bibliothèque Religieuse, Morale, Littéraire,

POUR L'ENFANCE ET LA JEUNESSE

PUBLIÉE AVEC APPROBATION

DE Mgr L'ARCHEVÊQUE DE BORDEAUX

RELATION

D'UN NAUFRAGE

SUR L'ILE ROYALE.

Par BERQUIN.

LIMOGES

MARTIAL ARDANT FRÈRES, EDITEURS,

Rue de la Terrasse.

1863

AVERTISSEMENT.

La relation qu'on va lire est rédigée sur le journal de M. S. W. Prenties, enseigne dans le 84e régiment, infanterie, qu'il publia pour la première fois à Londres, en 1782, et dont il s'est fait cinq éditions en dix-huit mois. En conservant avec une scrupuleuse exactitude le fond historique des disgrâces qu'il a éprouvées, j'ai cru devoir chercher à leur prêter un nouvel intérêt par une narration plus vive des événements et par un tableau plus animé des situations où il a fait éclater tant de force d'esprit et de courage. Il serait à désirer qu'un écrivain philosophe choisît dans la foule immense des voyageurs ceux dont les aventures seraient les plus propres à donner du caractère à la jeunesse en frappant fortement son imagination et sa sensibilité. C'est par des traits d'industrie, de constance, et quelquefois même d'une heureuse audace, qu'il faudrait lui montrer les ressources que l'homme trouve toujours en lui-même dans les positions les plus désespérées. Cette lecture, en la préparant de bonne heure aux plus étranges accidents qui peuvent troubler le cours de la vie humaine, lui en donnerait, en quelque sorte, la première expérience, et l'animerait, par une noble émulation, à les soutenir avec fermeté.

Mes jeunes lecteurs seront bien aises sans doute d'apprendre que, sur les témoignages du lord Dalrymphe, aide de camp du général Clinton, et par les bons offices de M. Fischer, alors sous-secrétaire du département de l'Amérique, M. Prenties a obtenu tous les dédommagements qu'il pouvait désirer pour les souffrances et les pertes qu'il a essuyées.

RELATION

D'UN NAUFRAGE

SUR L'ILE ROYALE.

Chargé des dépêches que le général Haldimand, commandant en chef du Canada, m'avait confiées pour le général Clinton, je m'embarquai, le 17 novembre 1780, sur un petit brigantin qui faisait voile de Québec vers New-York. Nous allions de conserve avec une goëlette destinée pour le même endroit, et qui portait un duplicata des dépêches. Après avoir descendu le fleuve Saint-Laurent jusqu'au havre appelé le Trou de Saint-Patrice, dans l'île d'Orléans, nous fûmes retenus dans ce port par un vent contraire qui dura six jours. L'hiver faisait déjà sentir ses premiers frimas, et la glace se forma bientôt à une grande épaisseur sur tous les bords du fleuve par l'âpreté d'un froid rigoureux. Plût au ciel qu'il eût duré quelques jours de plus! En fermant absolument notre marche, il nous aurait sauvés des malheurs dont le récit va commencer avec celui de notre navigation.

Avant de parvenir à l'embouchure du fleuve, on s'était aperçu que le brigantin faisait une légère voie d'eau. A peine fûmes-nous entrés dans le golfe, que cette voie devint plus considérable ; et les deux pompes, malgré leur travail continuel, laissaient toujours deux pieds d'eau dans la cale. D'un autre côté, le froid avait augmenté sa rigueur, et les glaces s'amoncelaient autour du vaisseau jusqu'à nous faire craindre d'en être entièrement environnés. Nous n'avions à bord que dix-neuf personnes, dont six passagers, et les autres, mauvais matelots. Quant au capitaine, de qui nous devions attendre des secours dans une position si fâcheuse, au lieu de veiller à la conservation du navire, il passait le temps à s'enivrer dans sa chambre, sans s'occuper un moment de notre sûreté.

Le vent continuant de souffler avec la même violence, et l'eau s'étant élevée dans la cale jusqu'à la hauteur de quatre pieds, le froid et la lassitude jetèrent le découragement parmi les gens de l'équipage. Tous les matelots, de concert, prirent la résolution de ne plus manœuvrer. Ils abandonnèrent les pompes en témoignant une profonde indifférence sur leur destin, aimant mieux, disaient-ils, couler à fond avec le vaisseau que de s'épuiser d'un travail inutile dans une situation désespérée.

Il faut convenir que depuis plusieurs jours leurs fatigues avaient été excessives et sans aucun intervalle de délassement. L'inaction du capitaine achevait encore de les abattre. Cependant, à force d'encouragements et de promesses, et par une distribution de vin que j'ordonnai fort à propos pour les réchauffer, je parvins à vaincre leur répugnance. L'interruption du travail avait fait entrer un pied d'eau de plus dans la cale; mais leur activité se ranimant par la chaleur de la boisson que je leur faisais donner toutes les demi-heures, ils soutinrent avec tant de constance l'effort de la manœuvre, que l'eau fut bientôt réduite à moins de trois pieds.

Nous étions au 3 décembre. Le vent semblait de jour en jour s'irriter au lieu de s'adoucir. Les fentes du vaisseau allaient toujours en s'agrandissant, tandis que les glaçons attachés à ses côtés augmentaient son poids et gênaient sa marche. Il fallait continuellement casser cette croûte de glace qui menaçait de l'envelopper. La goëlette qui nous suivait, loin de pouvoir lui prêter aucune assistance, se trouvait dans un état encore plus déplorable, ayant donné sur des rochers devant l'île de Coudres, par l'ignorance du pilote. Une neige épaisse qui vint alors à tomber nous déroba sa vue. Un coup de canon, que nous tirions tour à tour de demi-heure en demi-heure, formait toute notre correspondace. Bientôt nous eûmes la douleur de ne l'entendre plus répondre à ce signal. Elle périt avec les seize personnes de son équipage, sans qu'il nous fût même possible d'apercevoir leur désastre pour chercher à les recueillir.

La pitié que nous inspirait un sort si funeste fut bientôt détournée sur nous-mêmes par l'appréhension d'un nouveau danger. La mer était fort grosse, la neige très épaisse, le froid insupportable, et tout l'équipage abattu. C'est dans cet état que le contre-maître s'écria que nous ne devions pas être éloignés des îles Madeleine, amas confus de rochers, dont les uns élèvent leur tête sur la mer, et dont les autres cachent sous sa surface des pointes déjà fatales à plusieurs vaisseaux. En moins de deux heures nous entendîmes les vagues se briser à grand bruit sur ces rochers ; et bientôt après nous découvrîmes l'île principale appelée *l'Homme mort*, qu'une manœuvre pénible nous fit éviter. Le sentiment du péril n'en devint que plus vif au milieu d'une foule d'écueils dont il y avait peu d'apparence que nous pussions échapper avec le même bonheur, l'épaisseur redoublée de la neige nous permettant à peine d'étendre notre vue d'un bout à l'autre du vaisseau. Il serait difficile de peindre la consternation et l'effroi dont nous fûmes saisis dans toute la longueur de ce passage. Mais lorsque nous l'eûmes franchi, un rayon d'espoir rentra dans le cœur des matelots, qui ne doutèrent plus que la Providence ne s'intéressât à leur salut, en considérant le danger dont ils venaient de sortir, et ils reprirent leurs efforts avec une ardeur nouvelle.

La mer devint plus agitée pendant la nuit, et le lendemain, vers cinq heures du matin, une grosse houle fondit sur le vaisseau, enfonça nos faux sabords et remplit d'eau la cabine. L'impétuosité des vagues ayant écarté l'étambot, nous cherchâmes à boucher les ouvertures avec du bœuf coupé par tranches ; mais ce faible expédient demeura sans effet, et l'eau continua de nous gagner plus rapidement que jamais. L'équipage effrayé avait suspendu un moment l'exercice des pompes. Lorsqu'il voulut le reprendre, il les trouva si fortement gelées, qu'il était désormais impossible de les faire jouer.

Nous perdîmes dès ce moment l'espérance de conserver longtemps le navire, et tous nos vœux se bornaient à ce qu'il n'enfonçât pas du moins jusqu'à ce que nous fussions à la portée de l'île Saint-Jean ou de quelque autre île dans le golfe, où nous pourrions aborder à l'aide de notre chaloupe. Abandonnés à la merci du vent, nous n'osions entreprendre aucune manœuvre, de peur de causer au vaisseau quelque effort dangereux. Le nouveau poids d'eau qu'il prenait de minute en minute ralentissait sa marche, et les vagues plus rapides dont il brisait la course se redressaient furieuses et venaient se déborder sur le tillac. La cabane où nous nous étions réfugiés ne nous présentait qu'un bien faible abri contre le souffle du vent, et nous garantissait à peine de la violence des houles glacées. A chaque instant nous craignions de voir emporter notre gouvernail et notre mât se briser. Les mouettes et les canards sauvages que nous entendions voltiger autour de nous témoignaient, il est vrai, que la côte ne devait pas être éloignée; mais ses approches mêmes étaient un nouveau sujet de terreur. Comment échapper aux brisants dont elle pouvait être entourée, dans l'impuissance où nous étions de les éviter par aucune manœuvre, et même de les apercevoir à travers le voile de neige dont nous étions enveloppés ? Telle était, depuis quelques heures, notre déplorable situation, lorsque, le ciel s'étant tout-à-coup éclairci, nous découvrîmes enfin la terre à trois lieues de distance.

Le sentiment d'allégresse dont nous pénétra son premier aspect fut bien modéré par une vue plus distincte des roches énormes qui paraissaient s'élever à pic le long de la côte pour nous en repousser. Le vaisseau venait encore d'essuyer des lames violentes, qui l'auraient submergé si sa charge eût été moins légère. Chaque nouvelle secousse nous faisait craindre de le voir s'entr'ouvrir. Notre chaloupe était trop petite pour contenir tout l'équipage, et la mer d'ailleurs trop furieuse pour lui confier un si faible bâtiment. Il semblait que nous n'étions parvenus devant cette terre fatale que pour la rendre témoin de notre perte. Cependant nous en approchions toujours de plus près. Nous n'en étions plus éloignés que d'un mille, lorsque nous découvrîmes avec transport, au détour de ces roches menaçantes, une plage sablonneuse, vers laquelle notre course se dirigeait, sans que l'eau perdît assez sensiblement de sa profondeur pour nous défendre d'en approcher de cinquante à soixante verges avant d'échouer. Le sort de nos vies allait se décider dans quelques minutes. Enfin le navire donna sur le sable avec une violente secousse. Le premier choc fit sauter le grand mât, mais sans aucun accident, et le gouvernail fut démonté d'une telle rudesse, que la barre faillit tuer un des matelots. Les vagues mutinées qui battaient de tous côtés le navire forcèrent la poupe; en sorte que, n'ayant plus d'abri dans la cabane, nous fûmes obligés de monter sur le pont et de nous tenir accrochés aux haubans, de peur d'être renversés dans la mer. Au bout de quelques instants, le vaisseau se releva tant soit peu; mais la quille était brisée, et la carcasse semblait près de se disperser. Ainsi toutes nos espérances furent réduites à la chaloupe, que j'eus une peine infinie à faire mettre à la mer, tant elle était hérissée, au dedans et au dehors, de larges glaçons dont il fallait la débarrasser. La plupart des gens de l'équipage s'étant pris de vin pour tâcher de se délivrer de l'effroi dont ils étaient saisis, je fis avaler un verre d'eau-de-vie à ceux qui étaient restés sobres, et je leur demandai s'ils voulaient s'embarquer avec moi dans la chaloupe pour gagner la terre. La mer était si houleuse qu'il paraissait impossible que notre frêle esquif pût la tenir un moment sans être englouti. Il n'y eut que le contre-maître, deux matelots et un jeune passager qui résolurent d'en courir le hasard. Dès le premier instant de péril, j'avais mis mes dépêches dans un mouchoir noué autour de ma ceinture. Sans m'occuper alors de mes autres effets, je saisis une hache et une scie et me jetai dans le canot, suivi du contre-maître et de mon domestique, qui, plus avisé que moi, sauvait de mes coffres une bourse de cent quatre-vingts guinées. Le passager, ne s'étant pas élancé assez loin, tomba dans la mer; et peu s'en fallut que nos mains engourdies par le froid ne fussent incapables de lui prêter le moindre secours. Lorsque les deux matelots furent descendus, ceux qui avaient le plus obstinément refusé de tenter la même fortune nous supplièrent de les recevoir; mais le poids d'un si grand nombre de personnes et le tumulte de leurs mouvements me faisant craindre de chavirer, je donnai l'ordre de s'éloigner du bord du vaisseau. Je ne tardai pas à m'applaudir d'avoir étouffé un sentiment de pitié qui leur aurait été funeste à eux-mêmes. Quoique la terre ne fût éloignée que d'environ cinquante verges, nous fûmes accueillis, à moitié chemin, d'une grosse lame qui remplit à demi le canot, et qui l'aurait infailliblement renversé si la charge eût été pesante. Une seconde vague nous jeta violemment sur le rivage.

La joie de nous trouver enfin à l'abri des périls qui nous avaient tenus si longtemps en de cruelles alarmes nous fit oublier un moment que nous n'étions échappés d'un genre de mort que pour en souffrir probablement un autre plus terrible et plus douloureux. En nous tenant embrassés dans nos premiers transports pour nous féliciter sur notre salut, nous ne pouvions être insensibles à la détresse de nos compagnons que nous avions laissés sur le navire, et dont les cris lamentables se faisaient entendre au milieu du bruit sourd des flots. Ce qui redoublait la douleur où nous plongeait ce sentiment était de ne pouvoir leur prêter aucune espèce de secours. Notre canot, jeté sur le sable par les vagues courroucées, témoignait assez l'impossibilité de rompre leur impulsion pour retourner au vaisseau.

La nuit s'approchait à grands pas, et nous n'eûmes pas resté longtemps sur cette plage glaciale avant de sentir que nous allions être engourdis par le froid. Il fallut nous traîner, à travers la neige qui s'enfonçait sous nos pieds, jusqu'à l'entrée d'un petit bois, environ à deux cents verges du rivage, dont l'abri nous défendit un peu du souffle perçant du nord-ouest. Cependant il nous manquait du feu pour réchauffer nos membres transis, et nous n'avions aucun moyen d'en allumer.[5] La boîte d'amadou que nous avions eu la précaution de prendre dans la chaloupe avait été baignée par la dernière houle que nous venions d'essuyer. Il n'y avait que l'exercice qui pût nous garantir de la gelée, en tenant notre sang en circulation. Mieux instruit que mes compagnons de la nature de ces âpres climats, je leur recommandai de se livrer à un grand mouvement pour repousser le sommeil. Mais le jeune passager, dont les habits trempés des eaux de la mer s'étaient roidis en glaçon sur son corps, ne put résister à la sensation assoupissante que donne toujours le froid extrême qu'il éprouvait. Vainement j'employai tour à tour la persuasion et la force pour le faire tenir sur ses pieds. Je fus obligé de l'abandonner à son assoupissement. Après avoir marché pendant une demi-heure, saisi moi-même d'une si forte envie de dormir que je me sentais prêt à chaque instant de me laisser couler à terre pour la satisfaire, je revins à l'endroit où ce jeune homme était couché. Je mis la main sur son visage, et le sentant tout froid, je le fis toucher au contre-maître. Nous crûmes l'un et l'autre qu'il était mort. Il nous répondit d'une voix faible qu'il ne l'était pas, mais qu'il sentait sa fin s'approcher, et il me supplia, si je lui survivais, d'écrire à son père à New-York et de l'instruire de son malheur. Au bout de dix minutes, nous le vîmes expirer sans aucune souffrance, ou du moins sans de vives convulsions. J'ai rapporté cet incident pour montrer l'effet d'un froid violent sur le corps humain pendant le sommeil, et pour faire voir que cette mort n'est pas toujours accompagnée d'un sentiment de douleur aussi vif qu'on a coutume de le supposer.

Cette leçon effrayante ne fut pas capable d'engager les autres à combattre le penchant qui les entraînait au sommeil. Trois d'entre eux se couchèrent en dépit de mes exhortations. Voyant qu'il était impossible de les faire tenir debout, j'allai couper deux branches d'arbre, dont je donnai l'une au contre-maître, et toute notre occupation, pendant le reste de la nuit, fut d'empêcher nos compagnons de dormir, en les frappant aussitôt qu'ils fermaient la paupière. Cet exercice ne nous fut pas inutile à nous-mêmes, en même temps qu'il préservait les autres du danger presque certain de mourir.

La lumière du jour, que nous attendions avec une si vive impatience, parut enfin. Je courus avec le contre-maître sur le rivage, pour tâcher de découvrir quelques traces du vaisseau, quoiqu'il nous en restât à peine une faible espérance. Quelle fut notre surprise et notre satisfaction de voir qu'il s'était conservé, malgré la violence du vent, qui semblait avoir dû le briser en mille pièces pendant la nuit ! Mon premier soin fut de chercher comment je pourrais faire venir à terre le reste de l'équipage. Le vaisseau, depuis que nous l'avions quitté, avait été poussé par les vagues beaucoup plus près de la côte, et l'espace qui l'en séparait devait encore se trouver plus petit à la basse marée. Lorsqu'elle fut venue, je criai aux gens du vaisseau d'attacher une corde à son bord, pour s'y glisser tout du long l'un après l'autre. Ils adoptèrent cet expédient. En surveillant d'un œil attentif le mouvement de la mer, et saisissant bien le temps de glisser au moment où la vague se retirait, ils descendirent tous sans péril, à l'exception du charpentier. Celui-ci ne jugea pas à propos de se hasarder de cette manière, ou peut-être se trouvait-il incapable d'aucun mouvement, ayant usé pendant la nuit un peu trop librement de sa bouteille. Le salut général était attaché à celui de chacun de nous en particulier, et je me réjouis doublement de voir autour de moi un si grand nombre de mes compagnons d'infortune, que je croyais tous engloutis dans les ondes peu d'heures auparavant.

Le capitaine, avant de descendre, s'était heureusement chargé de tous les matériaux nécessaires pour allumer du feu. La troupe se mit alors en marche vers la forêt, et les uns s'employèrent à couper du bois, les autres à ramasser des branches sèches, dispersées à terre. Bientôt une flamme brillante, qui s'éleva d'un large bûcher, nous fit pousser mille cris joyeux. Si l'on considère le froid extrême que nous avions souffert si longtemps, aucune jouissance ne pouvait être égale à celle de la chaleur d'un bon brasier. C'était à qui s'en approcherait de plus près pour ranimer ses membres engourdis. Mais cette jouissance fut suivie, pour la plupart, des douleurs les plus cruelles, aussitôt que l'ardeur de la flamme pénétra les parties de leurs corps mordues par la gelée. Le contre-maître et moi étions les seuls qu'elle eût respectés, à cause de l'exercice que nous avions fait dans la nuit. Tous les autres en avaient été plus ou moins attaqués, soit dans le vaisseau, soit à terre. Les mouvements convulsifs qu'arrachait à ces malheureux la violence des tortures qu'ils éprouvaient, seraient trop horribles à exprimer.

Lorsque nous vînmes à faire la revue de notre troupe, j'observai qu'il manquait un passager, nommé le capitaine Grenn. J'appris qu'il s'était endormi à bord du vaisseau et qu'il avait été gelé mortellement. Nos inquiétudes se renouvelèrent au sujet du charpentier resté sur le navire. La mer roulant toujours avec la même fureur, il était impossible d'envoyer la chaloupe à son secours. Nous fûmes obligés d'attendre le retour de la basse marée, et nous lui persuadâmes enfin de venir à terre de la même manière que les autres ; ce qu'il ne put faire qu'avec une extrême difficulté, réduit comme il l'était à la plus grande faiblesse, et gelé dans presque toutes les parties de son corps.

La nuit vint, et nous la passâmes un peu mieux que la précédente. Cependant, malgré le soin que nous prenions d'entretenir toujours un grand feu, nous avions beaucoup à souffrir de la rigueur du vent, qui soufflait à découvert sur nous. L'épaisseur des arbres pouvait à peine nous défendre de la neige, qui semblait se précipiter à grands flots sur notre feu pour l'éteindre. En pénétrant nos habits d'humidité du côté exposé à la flamme, elle nous formait sur le dos une couche épaisse, qu'il fallait continuellement secouer avant qu'elle se durcît en glaçon. Le sentiment aigu de la faim, nouvelle misère que nous avions jusqu'alors ignorée, vint encore se joindre à celui du froid, que nous avions tant de peine à soutenir.

Deux jours s'écoulèrent, pendant lesquels chaque instant ajoutait au souvenir cruel de nos maux passés la terreur d'un avenir plus affreux. Enfin, le vent et la mer qui s'étaient accordés pour nous interdire l'approche du vaisseau, renouvelèrent leurs efforts réunis pour le briser. Nous en fûmes avertis par le bruit qu'il fit en éclatant. Nous courûmes vers le rivage, et nous vîmes déjà flotter une partie de la cargaison, que l'impétuosité des ondes entraînait hors de ses flancs entr'ouverts. Par bonheur la marée portait une partie des débris sur la plage. Armés de longues perches et des rames de notre canot, nous allions le long du sable, attirant tout ce qui s'offrait de plus utile à notre portée. C'est ainsi que nous parvînmes à sauver quelques barils de bœuf salé et une quantité considérable d'oignons, que le capitaine avait pris à bord pour les vendre. Nos soins se portèrent aussi sur les planches qui se détachaient du vaisseau, et qui pouvaient servir à nous construire une cabane. On en recueillit un grand nombre, qui furent traînées dans le bois pour être aussitôt employées à leur destination. Cette entreprise n'était pas aisée. Il en était peu d'entre nous qui fussent en état d'y travailler. Cependant, l'heureux succès de la journée animant notre courage, et la nourriture que nous avions prise soutenant nos forces, l'ouvrage se trouva fort avancé à la chute du jour. La lueur de notre feu nous mit en état de le continuer dans les ténèbres, et, vers les dix heures du soir, nous eûmes une cabane longue d'environ vingt pieds et large de dix, assez solide, grâce aux arbres qui la soutenaient de distance en distance, pour résister à la force du vent, mais pas assez close pour nous mettre entièrement à l'abri de la froidure.

La journée suivante et celle du surlendemain furent employées soit à perfectionner notre édifice, soit à recueillir, pendant la haute marée, ce qu'elle nous apportait du vaisseau, soit à dresser l'inventaire de nos provisions, pour en répartir l'usage entre nous sur une juste mesure. Il n'avait pas été possible de sauver du biscuit, entièrement détrempé dans l'eau de la mer. Il fut décidé que chaque personne, en santé ou malade, serait réduite à un quart de livre de bœuf et à quatre oignons par jour, aussi longtemps que ceux-ci pourraient durer. Cette faible ration, à peine suffisante pour s'empêcher de mourir de faim, était tout ce que l'on pouvait se permettre, dans l'incertitude du temps qu'il faudrait peut-être passer sur cette côte déserte.

Le 11 décembre, sixième jour de notre naufrage, le vent s'adoucit, et nous laissa la liberté de mettre notre chaloupe à flot pour aller chercher ce qui pouvait rester dans le navire. Une grande partie de la journée fut perdue à briser à coups de hache la glace épaisse qui couvrait le pont et qui fermait les écoutilles. Le lendemain, nous réussîmes à retirer un petit baril contenant cent vingt livres de bœuf salé, deux caisses d'oignons, trois bouteilles de baume de Canada, une de patates, une bouteille d'huile, qui nous devint très utile pour les plaies des matelots, une seconde hache, un grand pot de fer, deux marmites et environ douze livres de chandelle. Ce renfort précieux nous mit en état, le jour suivant, d'ajouter quatre oignons de plus à notre ration journalière.

Nous retournâmes encore à bord le 14, pour chercher les voiles, dont une partie nous servit à couvrir notre cabane et à la rendre impénétrable à la neige. Ce même jour, les plaies de ceux qui avaient le plus souffert de la gelée et qui avaient négligé de se frotter de neige commencèrent à se mortifier. Leurs jambes, leurs mains et toutes les autres parties de leurs membres affectées se dépouillèrent de leur peau, avec des douleurs intolérables. Le charpentier, qui était descendu le dernier à terre, avait perdu la plus grande partie de ses pieds, et, dans la nuit du 14, le délire le prit. Il resta dans le même état jusqu'au lendemain, où la mort le délivra de sa misérable existence. Trois jours après, notre second contre-maître mourut de la même manière, ayant été en délire quelques heures avant d'expirer : ce qui arriva également le surlendemain à un matelot. Nous couvrîmes leurs cadavres de neige et de branches d'arbres, n'ayant ni pioche ni bêche pour leur creuser une fosse; et, quand nous en aurions été pourvus, la terre était durcie à une trop grande profondeur pour céder à ces instruments.

Toutes ces pertes, qui réduisaient notre troupe à quatorze personnes, nous causèrent un médiocre chagrin, soit pour eux, soit pour nous-mêmes. En considérant notre déplorable condition, la mort nous paraissait un bienfait plutôt qu'une disgrâce ; et, lorsqu'un sentiment naturel nous ramenait à l'amour de la vie, chacun de nous en particulier ne pouvait regarder ses compagnons que comme autant d'ennemis armés par la faim pour lui ravir sa subsistance. En effet, si quelques-uns n'avaient payé le tribut à la nature, nous aurions été bientôt dans l'horrible nécessité de périr de faim ou de nous égorger et de nous dévorer les uns les autres. Sans en être encore réduits à cette affreuse alternative, notre situation était si misérable, qu'il semblait impossible qu'aucune nouvelle calamité pût en accroître l'horreur. Le sentiment continuel d'un froid rigoureux et d'une faim pressante, la douleur des plaies de la gelée irritées par le feu, les plaintes des souffrants, le désordre et la malpropreté qui nous rendaient un objet de dégoût pour nous-mêmes autant que pour les autres, toutes les images du désespoir rassemblées autour de nous, et dans la perspective une mort lente et cruelle, au milieu d'une région désolée, loin des consolations du sang et de l'amitié ; telle est la faible peinture des maux que notre cœur ressentait à chaque instant des longs jours et des éternelles nuits.

Nous étions souvent sortis, le contre-maître et moi, pour voir si nous pourrions découvrir quelques vestiges d'habitation dans la contrée. Nos courses ne pouvaient être longues et n'avaient jamais été suivies d'aucun succès. Nous résolûmes un jour de nous avancer plus avant dans le pays, en remontant les bords d'une rivière glacée. Il s'offrait de temps en temps à nos yeux des traces d'orignal ou d'autres animaux, qui nous faisaient sentir vivement le regret d'être dépourvus d'armes et de poudre pour les chasser. Un léger espoir vint flatter un moment nos esprits. En suivant la direction de quelques arbres entamés du même côté par la hache, nous arrivâmes dans un endroit où des Indiens devaient avoir passé depuis peu, puisque leur wigwam y restait encore, et que l'écorce qu'on y avait employée paraissait toute fraîche. Une peau d'orignal, que nous trouvâmes tout près suspendue au bout d'une perche, confirmait nos conjectures. Nous parcourûmes avec empressement tous les environs, mais, hélas ! sans aucun fruit. Il nous resta cependant quelque satisfaction de penser que cet endroit avait eu ses habitants ou ses voyageurs, et qu'ils pourraient bientôt y revenir. Frappé de cette idée, je coupai une longue perche, et, l'enfonçant sur le bord de la rivière, j'y attachai un morceau d'écorce de bouleau, après l'avoir taillé en forme de main, avec le doigt indicateur étendu et tourné vers notre cabane. Je crus aussi devoir emporter la peau d'orignal, afin que les sauvages, à leur tour, pussent comprendre que quelques personnes étaient passées en cet endroit depuis qu'ils l'avaient quitté, et démêler, à la faveur de notre signal, la route qu'elles avaient suivie. L'approche de la nuit nous força de reprendre le chemin de notre habitation, et nous redoublâmes le pas, pour communiquer plus tôt à nos compagnons de si agréables nouvelles. Quelque faibles que fussent les espérances qu'il était raisonnablement permis de concevoir de cette découverte, je vis que mon récit leur donnait une vive consolation : tant un instinct bienfaisant de la nature porte les malheureux à saisir tout ce qui peut adoucir le sentiment de leurs peines.

Plusieurs jours s'écoulèrent dans l'attente de voir à chaque instant paraître les Indiens devant notre cabane. Peu à peu ces douces idés s'affaiblirent ; elles ne tardèrent pas enfin à s'évanouir. Quelques-uns de nos malades, entre autres le capitaine, avaient commencé, dans cet intervalle, à recouvrer leurs forces, et nos provisions diminuaient à vue d'œil. Je proposai le dessein où j'étais de quitter l'habitation avec tous ceux qui seraient en état de manœuvrer dans la chaloupe, pour aller à la découverte le long de la côte. Ce projet reçut une approbation générale ; mais, lorsqu'il fallut s'occuper des moyens de l'exécuter, une nouvelle difficulté se présenta : c'était de pouvoir réparer le canot, battu par la mer contre le sable avec une telle furie, que toutes les jointures s'étaient écartées. On avait bien assez d'étoupes pour boucher les fentes ; malheureusement le goudron manquait pour les recouvrir. Et le moyen d'y suppléer ! Il ne s'en présentait aucun à notre esprit, lorsque j'imaginai tout à coup de faire servir à cet usage le baume de Canada que nous avions sauvé. L'épreuve était facile. J'en versai quelques bouteilles dans notre pot de fer, que j'exposai sur un grand feu. En la retirant fréquemment pour la laisser refroidir, j'eus bientôt réduit la liqueur à une juste consistance. Mes compagnons, pendant ce temps, avaient retourné le canot et l'avaient bien débarrassé du sable et des glaçons. Je fis remplir d'étoupe teutes les crevasses, je les enduisis de mon calfat, et j'eus le plaisir de voir qu'il produisait à merveille l'effet que j'en avais attendu.

Ce premier succès nous anima d'une ardeur plus vive pour continuer nos préparatifs. Un morceau de toile, ajusté sur une perche dressée de manière à pouvoir se lever ou s'abattre à volonté, nous promit une voilure assez forte pour soulager, dans un vent doux et favorable, le travail de nos rameurs. Parmi les gens de l'équipage, il y en avait peu d'assez bien rétablis pour soutenir les fatigues que nous devions prévoir dans cette expédition. On me choisit pour la conduire, avec le capitaine, le contre-maître, deux matelots et mon domestique. Ce qui restait de vivres fut divisé, selon le nombre de personnes, en quatorze parts égales, sans que l'excès des travaux que nous allions entreprendre pour la cause commune pût nous faire adjuger une portion plus forte qu'à ceux qui devaient rester paisiblement dans la cabane. C'est avec cette misérable ration d'un quart de livre de bœuf par jour pour six semaines, un frêle esquif, revêtu d'un enduit incertain, que la moindre vague, le moindre souffle de vent pouvait renverser, le moindre écueil mettre en pièces ; c'est au milieu des masses énormes de glaces flottantes, sur une plage inconnue, semée de rochers, et pendant la saison la plus rigoureuse de l'année, qu'il fallait tenter une entreprise dont un désespoir aveugle avait pu seul inspirer le projet. Mais nous en étions à ce point, qu'il était moins téméraire d'affronter tous les dangers possibles, à la plus faible lueur d'espérance, que de s'exposer, par une lâche inaction, au danger presque inévitable de périr abandonnés de la nature entière.

L'année 1781 venait de s'ouvrir. Notre dessein était de partir le jour suivant, 2 janvier. Un vent fougueux du nord-ouest nous retint jusqu'à l'après-midi du 4. Son impétuosité s'étant alors abattue, nous embarquâmes nos provisions, avec quelques livres de chandelle, ainsi que tous les petits effets qui pouvaient nous être utiles, et nous prîmes congé de nos compagnons, dans l'incertitude cruelle si ce ne seraient pas nos derniers adieux. Nous n'avions guère couru plus de huit milles, lorsque le vent, tournant au sud-est, contraria notre marche, et nous contraignit d'aborder, à force de rames, dans une large baie qui nous présentait un asile favorable pour la nuit. Notre premier soin fut de débarquer nos vivres et de transporter la chaloupe assez avant sur la plage pour que la mer ne pût l'endommager. Il fallut ensuite allumer du feu et couper du bois pour l'entretenir jusqu'au lendemain. Les branches de pin les plus menues furent employées à former notre lit, et les plus grosses à nous construire à la hâte une espèce de wigwam, pour nous mettre de notre mieux à l'abri des injures de l'air.

En faisant notre petit repas, je remarquai sur le rivage quelques pièces de bois que le flux y avait jetées et qui paraissaient avoir été taillées par la hache. Je voyais aussi de longues perches façonnées autrefois de main d'homme. Cependant aucune autre marque d'habitation ne se montrait à nos regards. Il s'élevait, à deux milles de distance, une colline dépouillée d'arbres, avec quelques traces de défrichement. J'engageai deux de mes compagnons à m'y suivre avant la fin du jour, pour pouvoir embrasser de sa hauteur un horizon plus étendu. En marchant le long de la baie, nous reconnûmes un bateau de pêcheur de Terre-Neuve à demi brûlé, dont les restes étaient ensevelis dans le sable. Cet objet nous donna de nouvelles espérances, et nous fit redoubler de vitesse pour gravir la colline. Parvenus au sommet, quelle ne fut pas notre satisfaction d'apercevoir de l'autre côté quelques édifices éloignés d'un mille tout au plus ! L'intervalle qui nous en séparait fut bientôt franchi, malgré notre lassitude. Nous arrivâmes palpitants d'espoir et de joie ; mais ces douces émotions furent au même instant dissipées. En vain nous parcourûmes tous les bâtiments ; ils étaient déserts. C'étaient des magasins pour la préparation de la morue, qui, selon les apparences, avaient été abandonnés plusieurs années auparavant. Le triste fruit de cette course fut cependant de nous confirmer toujours dans l'idée de trouver quelques habitations en continuant de tourner autour de l'île.

Le vent, qui avait repassé au nord-ouest, vint le lendemain nous retenir par la crainte du choc des glaçons qu'il poussait dans les courants. Depuis trois jours il régnait avec la même fureur. M'étant réveillé dans la nuit, je fus étonné d'entendre ses sifflements aigus, sans que la mer y joignît, comme à l'ordinaire, le bruit sourd de ses vagues. J'interrompis le sommeil du contre-maître, pour lui faire part de ce phénomène. Curieux d'en connaître la cause, nous courûmes vers le rivage. La lune nous éclairait de ses rayons. Aussi loin que notre vue put s'étendre, leur funeste clarté nous fit apercevoir la surface des eaux immobiles sous les chaînes de la glace, qui s'élevait à divers endroits en monceaux d'une prodigieuse hauteur. Comment vous peindre le sentiment de tristesse qui s'empara de nos cœurs à cet aspect? Ne pouvoir pousser plus loin notre course, ni regagner notre première cabane, qui nous aurait mieux défendus de l'âpreté redoublée du froid ! Jusqu'à quand devait durer cette funeste situation ? Deux jours s'écoulèrent au milieu de ces réflexions désolantes. Enfin, le 9, le vent tomba. Il se releva le lendemain au sud-est, et souffla d'une telle force, que toutes les glaces qui nous bloquaient dans la baie se brisèrent à grand bruit et furent balayées dans la haute mer, en sorte qu'il n'en restait plus le long de la côte vers les quatre heures de l'après-midi.

En rompant les chaînes qui nous arrêtaient, le tyran des airs nous en forgeait d'autres par sa violence. Ce ne fut qu'au bout de deux jours qu'elle se modéra. Une brise légère soufflant alors le long du rivage, notre chaloupe fut mise à la mer, notre voile dressée ; et déjà nous nous étions avancés d'un cours assez favorable, lorsque nous aperçûmes, à quelques lieues dans le lointain, une pointe de terre extrêmement élevée. La côte jusque-là paraissait ne former qu'une ceinture si continue de rochers escarpés, qu'il était impossible de tenter aucun débarquement avant d'avoir atteint ce cap éloigné. Cependant il était dangereux de risquer une aussi longue course. La chaloupe venait de faire une voie d'eau qui occupait constamment deux hommes à la vider. Ainsi nous ne pouvions employer que deux rames ; encore la faiblesse où nous étions réduits par nos chagrins et par le défaut de nourriture nous permettait à peine de soutenir cette légère manœuvre. Qu'allions-nous devenir si le vent venait à tourner au nord-ouest ? Il devait infailliblement nous briser contre les rochers. Heureusement le danger n'était plus pour nous un objet digne de considération, et le vent seconda si bien notre constance, que nous parvînmes au cap environ à onze heures de la nuit. La place ne s'étant point trouvée commode pour aborder, nous fûmes encore obligés de longer la côte jusqu'à deux heures du matin, lorsque le vent devenu plus fort nous ôta la liberté de choisir un endroit favorable. Il fallut descendre, ou plutôt gravir, avec mille peines, sur une plage pierreuse, sans qu'il fût possible de mettre notre chaloupe à l'abri des flots qui menaçaient de la briser contre les rochers.

L'endroit où nous étions débarqués était une baie peu profonde, renfermée du côté de la terre par des hauteurs inaccessibles, mais ouverte sur la mer au vent du nord-ouest, dont rien ne pouvait nous garantir. Le vent, qui s'éleva le 13, jeta notre chaloupe sur un banc rocailleux, l'endommagea dans plusieurs parties. Cet accident ne fut qu'un léger prélude à de nouvelles misères. Environnés de rochers insurmontables, qui nous empêchaient d'aller chercher un abri dans les bois;

réduits, pour toute couverture, à notre voile hérissée de glaçons ; ensevelis durant plusieurs jours sous un déluge de neige qui s'était amoncelée autour de nous à la hauteur de trois pieds, nous n'avions, pour alimenter notre feu, que des branches et des débris de troncs d'arbres, qui se trouvèrent par hasard jetés sur le rivage. Cette déplorable situation dura jusqu'au 21, où le temps se radoucit ; mais il n'était plus en notre pouvoir d'en profiter.

Comment réparer notre chaloupe, ouverte de plusieurs crevasses? Après avoir médité les divers moyens qui se présentèrent à notre esprit, et les avoir rejetés comme impraticables, toutes nos pensées se tournèrent à chercher notre salut d'un autre côté.

Quoiqu'il fût impossible d'escalader le mur de rochers qui nous entourait de toutes parts, cependant, si nous étions dans la nécessité de renoncer à l'usage de notre chaloupe, il nous vint dans l'idée que nous pourrions du moins nous avancer le long du rivage, en marchant sur la glace, devenue assez forte pour supporter notre poids. Je résolus avec le contre-maître d'en faire l'épreuve. Nous partîmes aussitôt, et, au bout de quelques milles, nous parvînmes à l'embouchure d'une rivière bordée d'une plage sablonneuse, où nous aurions pu conserver notre chaloupe et vivre avec beaucoup moins de désagréments, si notre bonne fortune nous y eût conduits. Cette découverte, en faisant naître nos regrets, n'étendait pas bien loin nos espérances. Il était à la vérité facile de pénétrer de là dans les bois ; mais fallait-il s'enfoncer au hasard en des lieux sauvages pour aller à la recherche d'un canton habité? Par quels moyens diriger notre course à travers la noire épaisseur de la forêt? et surtout comment traîner ses pas sur la neige, dont la terre était chargée à la hauteur de six pieds, et que le moindre dégel pouvait ramollir ? Après avoir tenu conseil à notre retour, il fut décidé que notre seule ressource était de charger sur notre dos ce qui nous restait d'effets utiles et de provisions, et d'aller le long de la côte, où il était plus naturel d'espérer qu'il se trouverait enfin quelques familles de pêcheurs ou de sauvages. Le temps paraissait devoir encore tenir à la gelée, et le vent ayant balayé dans la mer la plus grande partie de la neige qui couvrait les glaces de ses bords, nous pouvions nous flatter de faire environ dix milles par jour, même dans l'état de langueur où nos forces étaient tombées.

Cette résolution ayant été arrêtée d'une voix unanime, nous eûmes bientôt fait nos préparatifs. Notre projet était de partir le 21 au matin ; mais, dans la nuit qui le précéda, le vent tourna tout-à-coup au sud-est, accompagné d'une grosse pluie; en sorte que peu d'heures après cette croûte de neige, qui la veille paraissait si solide, fut entièrement fondue, et toute la lisière de glaçons détachée du rivage. Plus de chemins ouverts pour sortir de cette plage désastreuse où nous étions renfermés. Dans ces cruelles réflexions, nos regards se tournaient quelquefois vers la chaloupe, que nous avions été souvent tentés de mettre en pièces pour entretenir notre feu, n'osant plus en attendre aucun autre service. Il nous restait encore assez d'étoupe pour remplir les nouvelles crevasses ; mais le baume de Canada avait été tout à fait épuisé par nos réparations journalières, et rien ne s'offrait à notre imagination pour le remplacer.

Cependant le froid revint le surlendemain. Sa rigueur dans la nuit me fit concevoir une idée que je me hâtai d'essayer aussitôt que le jour parut : c'était de répandre de l'eau sur l'étoupe qui bouchait les fentes, et de l'y laisser geler en forme d'enduit d'une certaine épaisseur. Mes compagnons se moquaient de mon entreprise et ne se prêtaient qu'avec répugnance à me seconder. Un moyen aussi simple me réussit cependant au-delà de mon espoir. Toutes les ouvertures se trouvèrent par là si bien fermées, qu'on en vint à croire que l'eau ne pourrait y pénétrer aussi longtemps que la gelée serait aussi forte que dans ce moment.

Nous en fîmes une heureuse expérience le lendemain 27. Quoique la chaloupe fût devenue fort lourde et très difficile à manier, par la quantité de glace dont elle était revêtue, elle avait fait dans la journée environ douze milles du lieu de notre départ. Ce nouveau service nous la rendit plus précieuse, et nous eûmes le soin de la transporter sur nos rames dans l'endroit le plus favorable à sa sûreté. Une épaisse forêt, qui s'élevait dans le voisinage, nous offrait deux biens dont nous avions été privés durant tant de nuits, un léger abri contre le souffle glacial du vent, et du bois en abondance pour entretenir un grand feu qui nous réchauffât dans notre sommeil. Cette double jouissance fut pour nous le comble des voluptés. Notre provision d'amadou étant presque consommée, je fus obligé de la renouveler en brûlant une partie de ma chemise, la même que j'avais toujours portée depuis la perte de mes équipages.

Le lendemain, une ondée de pluie fondit malheureusement toute la glace de notre chaloupe, et nous eûmes le chagrin de perdre l'avantage d'une journée favorable, qui aurait pu nous avancer de plusieurs milles dans notre course. Il fallut se résoudre à attendre le retour de la gelée ; et ce qui augmentait notre impatience et nos regrets, c'est que nos provisions se trouvaient maintenant réduites à deux livres et demie de bœuf pour chacun.

La gelée n'ayant repris que dans l'après-midi du 29, la longueur inévitable de nos préparatifs ne nous permit pas de faire plus de sept milles avant la nuit. Un vent très fort qui nous surprit le jour suivant, dans le commencement de notre route, nous obligea de relâcher sans avoir fait plus de deux lieues. Le dégel nous retint à terre jusqu'au surlendemain, le 1er février, où un froid excessif nous fournit l'occasion de réparer notre chaloupe ; mais les glaçons flottants étaient si considérables qu'ils occupaient sans cesse l'un de nous à les briser avec une perche ; et ce ne fut que par le travail le plus fatigant que nous vînmes à bout de faire cinq milles avant la chute du jour.

Notre navigation fut plus heureuse le 3. Le vent soufflait dans une direction aussi favorable que nous aurions pu le désirer. Quoique la chaloupe fît une voie d'eau qui employait une partie de nos bras à la tarir, nous courûmes d'abord quatre milles par heure avec le secours de nos rames, et bientôt cinq avec notre seule voile. Vers deux heures de l'après-midi, nous eûmes pleinement en vue un cap très élevé, qui, selon notre estime, ne devait être éloigné que de trois lieues. Sa prodigieuse hauteur nous trompait sur sa distance. Il était presque nuit lorsque nous parvînmes à l'atteindre. En le doublant, notre course prenait une direction différente de celle qu'elle avait été dans la journée, en sorte qu'elle nous obligea de baisser les voiles et de prendre nos rames. Le vent se trouvait alors souffler du côté de la terre. Nos efforts étaient bien faibles pour le combattre, et, sans un courant venant du nord-est, qui nous soutint un peu contre son impulsion, nous courions le risque d'être emportés pour jamais dans la haute mer.

La côte, hérissée de rochers, étant en cet endroit trop dangereuse pour y descendre, il nous fallut ramer avec mille périls, dans les ténèbres et le long des écueils, jusqu'à cinq heures du matin. Incapables alors de soutenir une plus longue manœuvre par l'épuisement de nos forces, nos yeux se fermèrent sur les dangers du débarquement, et le ciel le fit réussir, sans autre accident que d'avoir notre chaloupe jetée à demi pleine d'eau sur le rivage. L'entrée des bois n'était pas éloignée ; cependant nous eûmes beaucoup de peine à nous y traîner et à dresser du feu pour nous dégourdir et pour sécher nos habits. Tel était l'accablement où nous avaient plongés la fatigue et l'insomnie, qu'il nous fut impossible de résister au sommeil lorsque notre feu commençait à s'allumer. Nous étions obligés de nous éveiller tour à tour pour l'entretenir, de peur qu'il ne s'éteignît pendant que nous serions tous endormis à la fois, et que la gelée ne nous frappât de mort dans cet assoupissement. A mon réveil, j'eus occasion de me convaincre, par les observations que je fis sur le rivage, de ce que j'avais soupçonné pendant la route, savoir que cette pointe de terre élevée que nous venions de doubler était le cap Nord de l'île Royale, qui, avec le cap Roy, sur l'île de Terre-Neuve, marque l'entrée du golfe Saint-Laurent.

La douce certitude de nous trouver sur une île habitée nous aurait flattés de l'espérance de rencontrer enfin du secours en continuant notre voyage, si nous avions eu de quoi pourvoir à notre subsistance pendant tout le temps qu'il pouvait durer. Mais nos provisions étaient près de finir, et cette perspective nous jetait dans le désespoir. Il ne se présentait à notre esprit que des idées d'une mort prochaine, ou des moyens affreux pour la reculer. En tournant les yeux les uns sur les autres, il semblait que chacun fût prêt à marquer la victime qu'il fallait dévouer à la faim de ses bourreaux. Déjà même quelques-uns d'entre nous étaient convenus d'en remettre le choix à la décision aveugle du sort. Heureusement l'exécution de cet affreux projet fut remise à la dernière extrémité.

Pendant que mes compagnons s'occupaient à vider la chaloupe du sable dont la marée l'avait remplie et à boucher ses fentes en versant sur l'étoupe de l'eau qu'ils y laissaient geler, j'allai le long du rivage avec le contre-maître pour chercher des huîtres, dont on apercevait une quantité d'écailles dispersées. Il ne s'en trouva par malheur aucune de pleine. Nous aurions regardé comme une grande fortune de rencontrer quelques cadavres de bêtes sauvages à demi dévorés par des oiseaux de proie ; mais tous ces débris étaient ensevelis sous la neige. Rien qui pût nous offrir les plus vils aliments. C'était peu que la destinée nous eût jetés sur une côte déserte : il fallait, pour combler notre misère, qu'elle eût choisi la plus affreuse saison, lorsque non-seulement la terre refusait ses productions naturelles à notre subsistance, mais encore lorsque les animaux qui peuplent les deux éléments nourriciers de l'homme s'étaient réfugiés dans leurs grottes ou dans leurs repaires, pour se préserver du froid rigoureux qui désole ces inhabitables climats.

Je craindrais de porter un sentiment trop pénible dans les âmes à qui notre situation a pu inspirer jusqu'à ce moment une tendre pitié, si je peignais dans toute leur horreur les maux que nous eûmes à souffrir les jours suivants. Réduits, pour seule nourriture, à des fruits secs d'églantier déterrés sous la neige et à quelques chandelles de suif que nous avions réservées pour notre dernière ressource; oppressés de fatigue au moindre effort; contrariés dans notre navigation par les glaces, les pluies ou les vents ; animés quelquefois d'une légère espérance pour retomber bientôt après dans un plus cruel désespoir ; navrés de sensations douloureuses de toutes ces détresses réunies pour nous accabler de leur poids insupportable à chaque instant du jour et de la nuit : voilà quel fut notre état jusqu'au 17, où, succombant de faiblesse, nous descendîmes à terre pour la dernière fois, résolus de périr en cet endroit, si le ciel ne nous envoyait quelque secours imprévu. Mettre notre chaloupe en sûreté sur la plage aurait été une entreprise trop au-dessus de notre pouvoir. Elle resta livrée à la fureur des vagues, après que nous en eûmes retiré tristement nos outils et la voile qui nous servait de couverture. Nos dernières forces furent employées à balayer la neige de la place que nous avions choisie, à la relever tout autour en talus, pour y planter des branches de pin destinées à nous former un abri, enfin à couper et à mettre en pile autant de bois qu'il nous fut possible, pour entretenir notre feu, dans la crainte d'être bientôt hors d'état de faire usage de nos instruments.

Quelques poignées de fruits d'églantier bouillis dans la neige fondue furent, pendant les premiers jours, l'unique soutien de notre vie. Ils vinrent à nous manquer, et nous regardions comme un bonheur de pouvoir y suppléer par des plantes marines qui croissaient sur le rivage. Après les avoir fait bouillir plusieurs heures de suite, sans qu'elles eussent perdu beaucoup de leur dureté, je mis fondre dans le jus une des deux seules chandelles qui nous restaient. Ce bouillon dégoûtant et ces herbes coriaces assouvirent d'abord notre faim; mais peu d'instants après nous fûmes saisis d'un vomissement terrible, sans avoir la force de pouvoir débarrasser notre estomac. Cette crise dura environ quatre heures, au bout desquelles nous fûmes un peu soulagés, mais pour tomber dans un épuisement absolu.

Il fallut cependant recourir le lendemain à la même nourriture, qui opéra comme la veille, seulement avec un peu moins de violence. Nous avions employé notre dernière chandelle. Nous fûmes réduits, pendant trois jours, à nous contenter de ces herbes dures et grossières, qui nous causaient des nausées chaque fois que nous les portions à la bouche. Dans le même temps, nos jambes commencèrent à s'enfler. Cette bouffissure s'étendit à tel point sur tout le corps, que, malgré le peu de chair que nous avions conservé, nos doigts, par la moindre pression, s'enfonçaient à la profondeur de plus d'un pouce sur notre peau, et l'empreinte en subsistait encore une heure après. Nos yeux semblaient comme ensevelis dans des cavités profondes. Engourdis par la dissolution intérieure de notre sang et par les âpres frimas qui nous enveloppaient, à peine avions-nous la force de ramper tour à tour pour aller attiser notre feu presque éteint ou ramasser quelques branches dispersées sur la neige. C'est alors que le souvenir de mon père, qui m'avait toujours suivi au milieu des plus pressants dangers, vint s'offrir avec un nouvel attendrissement à mon cœur, en se mêlant à l'idée de mon trépas. Je me le représentais, ce tendre père, inquiet d'abord sur mon compte, dans la première attente de mes nouvelles; accablé ensuite de chagrin, lorsque le temps s'écoulerait sans lui en apporter ; enfin, condamné à pleurer, pendant tous les jours de sa vieillesse, sur la perte de son fils. Je pleurais moi-même de mourir si loin de ses bras, sans recevoir sa dernière bénédiction. A ces touchantes pensées, interrompues par les gémissements poussés autour de moi, succédaient des projets barbares, que l'instinct naturel de la vie m'inspirait pour la soutenir. Ces malheureux compagnons de mon infortune, dont les travaux m'avaient jusqu'alors secouru, ne me paraissaient plus qu'une proie pour assouvir ma faim. Je lisais les mêmes sentiments dans leurs regards avides. Je ne sais où nous auraient conduits ces féroces dispositions, lorsque tout-à-coup les accents d'une voix humaine se firent entendre dans la forêt. Au même instant nous découvrîmes deux Indiens armés de fusils, qui ne semblaient pas nous avoir encore aperçus. Cette apparition subite, ranimant notre courage, nous donna la force de nous lever et de nous avancer vers eux avec toute la promptitude dont nous étions capables.

Aussitôt que nous fûmes en leur présence, ils s'arrêtèrent, comme si leurs pieds eussent été cloués à la terre. Ils nous regardaient fixement, immobiles de surprise et d'horreur. Outre l'étonnement où devait naturellement les jeter la rencontre imprévue de six étrangers dans ce coin de l'île déserte, notre seul aspect était bien capable de glacer le plus intrépide. Nos habits traînants en lambeaux, nos yeux éteints sous la bouffissure de nos joues livides, l'enflure monstrueuse de tous nos membres, notre barbe hérissée et crépue, nos cheveux flottant en désordre sur nos épaules, tout devait nous donner une apparence effrayante. Cependant, à mesure que nous avancions, mille sentiments heureux se peignaient sur nos traits. Les uns versaient de douces larmes, les autres souriaient de joie. Quoique ces signes paisibles fussent propres à rassurer un peu les Indiens, ils ne témoignaient pas encore la moindre inclination à nous approcher ; et certes le dégoût répandu sur toutes nos personnes justifiait assez leur froideur. Je pris donc le parti de m'avancer vers celui qui se trouvait le plus près de moi, en lui tendant une main suppliante. Il la prit et la secoua très cordialement, façon de saluer employée parmi ces sauvages.

Ils commencèrent alors à nous donner quelques marques de compassion. Je leur fis signe de venir vers notre feu. Il nous accompagnèrent en silence et s'assirent auprès de nous. L'un d'eux, qui parlait en français corrompu, nous pria dans cette langue de l'informer d'où nous venions et quel hasard nous avait amenés en cet endroit. Je me hâtai de lui rendre un compte aussi succinct qu'il me fut possible des infortunes et des souffrances que nous avions éprouvées. Comme il me parut assez vivement touché de mon récit, je lui demandai s'il pourrait nous fournir quelques provisions. Il me répondit que oui ; mais, voyant notre feu près de s'éteindre, il se leva brusquement et saisit notre hache, qu'il fut un moment à considérer en souriant, j'imagine, du mauvais état où elle se trouvait. Il la rejeta d'un air de mépris pour prendre celle qui était à son côté. En un clin d'œil il eut abattu une grande quantité de branches, qu'il jeta sur notre feu ; puis il ramassa son fusil et, sans dire un seul mot, il s'en alla avec son compagnon.

Une retraite si soudaine aurait pu donner de l'inquiétude à ceux qui ne connaissent pas l'humeur des Indiens ; mais je savais que ces peuples parlent rarement, lorsqu'ils n'y voient pas une nécessité absolue. Ainsi je ne doutai point qu'ils ne fussent allés nous chercher des provisions, et j'assurai ma troupe alarmée que nous ne tarderions guère à les recevoir. Malgré le besoin que nous devions avoir de nourriture, la faim n'était pas, du moins pour moi, le plus pressant. Le bon feu que nous avaient fait les sauvages remplissait en ce moment tous mes désirs, ayant passé tant de jours à souffrir d'un froid rigoureux, auprès de la flamme languissante de notre misérable foyer.

Trois heures s'étaient écoulées depuis le départ des Indiens, et mes compagnons désolés commençaient à perdre l'espérance de les revoir, lorsque enfin nous les aperçûmes au détour d'une pointe de terre avancée, qui ramaient vers nous dans un canot d'écorce. Bientôt ils descendirent sur le rivage, chargés d'une grosse pièce de venaison fumée et d'une vessie pleine d'huile de poisson. Ils firent bouillir la viande dans notre pot de fer avec de la neige fondue ; et lorsqu'elle fut cuite, ils eurent l'attention de ne nous en donner qu'en très petite quantité, avec un peu d'huile, pour prévenir les suites dangereuses qu'aurait pu avoir notre voracité, dans l'état de faiblesse où notre estomac se trouvait réduit.

Ce léger repas étant fini, ils me firent embarquer avec deux de mes compagnons dans leur pirogue, trop petite pour nous emmener tous à la fois. Leur habitation n'était éloignée que de cinq milles. Nous fûmes reçus, en débarquant, par trois Indiens et une douzaine de femmes ou enfants qui nous attendaient sur le bord de la mer. Tandis que ceux de la pirogue retournaient chercher le reste de notre troupe, les autres nous conduisirent vers leurs cabanes ou wigwams, qui s'élevaient au nombre de trois, pour le même nombre de familles, à l'entrée de la forêt. Nous fûmes traités par ces bonnes gens avec la plus douce hospitalité. Ils nous firent avaler d'une espèce de bouillon, mais sans vouloir nous permettre, malgré nos prières, de manger de la viande ou de prendre aucun aliment trop substantiel.

Je ressentis une joie bien vive lorsque la pirogue revint et nous ramena nos trois compagnons. Nous goûtions à nous trouver réunis parmi ces sauvages, même après une séparation si courte, les sentiments qu'éprouvent des amis d'enfance, qui, après avoir longtemps gémi éloignés l'un de l'autre, se retrouvent au sein de leur patrie. Cette hutte nous paraissait un lieu de délices. Les transports que nous faisions éclater intéressèrent en notre faveur une femme très âgée, qui témoigna beaucoup de curiosité d'apprendre nos aventures. Je fis un détail plus circonstancié que le premier à l'Indien qui pouvait entendre le français. Il le rendit aux autres dans son langage. Pendant le cours de son récit, j'eus occasion d'observer que les femmes en étaient vivement affectées, et je fondais sur cette impression l'espoir d'un traitement favorable pendant notre séjour.

Après avoir satisfait aux premiers besoins, nos pensées se tournèrent vers les malheureux que nous avions laissés à l'endroit de notre naufrage. La détresse sous laquelle nous avions été près de succomber me faisait craindre pour eux un sort plus funeste. Cependant, quand un seul d'entre eux aurait survécu, j'étais résolu de n'omettre aucune tentative pour son salut. Je tâchai de bien désigner aux sauvages le quartier de l'île où nous avions été jetés, et je leur demandai s'il ne serait pas possible d'y porter des secours.

Sur la description que je leur fis du cours de la rivière la plus voisine et d'une petite île que l'on découvrait à peu de distance de son embouchure, ils répondirent qu'ils connaissaient à merveille cette place ; qu'elle était éloignée d'environ cent milles, par des routes très difficiles dans les bois ; qu'il y avait des rivières et des montagnes à franchir pour y pénétrer, et que, s'ils entreprenaient le voyage, ils devaient s'attendre à quelque récompense pour leurs fatigues. Il n'était pas raisonnable d'exiger qu'ils suspendissent leur chasse, le seul moyen qu'ils ont de faire subsister leurs femmes et leurs enfants, pour entreprendre une course pénible par un pur motif de bienveillance envers des inconnus. Quant à ce qu'ils disaient de la distance, elle ne me paraissait pas exagérée, puisque j'estimais, par mes propres calculs, que nos courses le long des rivages n'avaient guère été au-dessous de cent cinquante milles. Je leur dis alors, ce dont il ne m'était pas encore venu dans l'esprit de leur parler, que j'avais de l'argent, et que, s'il était de quelque prix à leurs yeux, j'en emploierais une partie à les payer de leur peine. Ils semblèrent fort contents de cette proposition, et me demandèrent à voir ma bourse. Je la pris des mains de mon domestique pour leur montrer les cent quatre-vingts guinées qu'elle contenait. J'observai sur leurs traits, à la vue de cet or, des sentiments que j'étais bien loin d'attendre d'un peuple sauvage ; les femmes surtout le regardaient avec une extrême avidité ; et, lorsque je leur eus fais présent d'une guinée à chacune, je les vis pousser un grand éclat de rire ; ce qui est le signe par lequel les Indiens expriment les mouvements extraordinaires de leur joie.

Quelque exorbitantes que pussent être leurs prétentions, je n'avais rien à ménager pour sauver mes compatriotes, s'il en restait quelqu'un en vie. Nous conclûmes un accord par lequel ils s'engageaient à se mettre en route dès le jour suivant, et moi à leur donner vingt-cinq guinées à leur départ, et la même somme à leur retour. Ils s'occupèrent aussitôt à faire des souliers propres à marcher sur la neige, soit pour nos matelots qu'ils devaient ramener, soit pour eux-mêmes ; et le lendemain de bonne heure ils partirent, après avoir reçu l'argent dont nous étions convenus.

Dès le moment où les sauvages eurent vu de l'or dans mes mains, ma situation perdit tous les charmes qu'elle devait à leur hospitalité. Ils devinrent aussi avides qu'ils avaient été jusqu'alors généreux, exigeant dix fois la valeur des moindres choses qu'ils nous fournissaient à mes compagnons ou à moi. Je tremblais d'ailleurs que cette passion excessive pour l'argent, qu'ils avaient prise dans leur commerce avec les Européens, ne les portât à nous dépouiller et à nous laisser dans la déplorable situation dont nous étions sortis par leur secours. Le seul motif sur lequel je fondais l'espérance d'un traitement plus humain était la religion qu'ils avaient embrassée, ayant été convertis au christianisme par les jésuites français, avant que cette île nous fût cédée avec le Canada. Ils témoignaient l'attachement le plus vif pour leur foi nouvelle, et souvent ils nous étourdissaient dans la soirée par leur triste psalmodie. C'était sur mon domestique qu'ils avaient réuni toutes leurs affections, parce qu'il était catholique irlandais et qu'il se joignait à leurs prières, quoiqu'il n'en entendît pas un seul mot. Je doute fort qu'ils fussent en état de s'entendre eux-mêmes ; car leurs chants, ou leurs hurlements, pour mieux dire, étaient dans un jargon confus, mêlé de mauvais français et de leur idiome sauvage, avec quelques bouts de phrases latines qu'ils avaient retenues de la bouche de leurs missionnaires.

Ces insulaires ont dans la figure et dans les

mœurs des traits généraux de ressemblance avec les sauvages du continent de l'Amérique ; cependant leur langage est très différent de celui de toutes les nations ou tribus que j'ai connues. Ils en diffèrent aussi dans l'usage de laisser croître leur chevelure ; ce qui est particulier aux femmes seules parmi les Indiens du continent. Ils ont d'ailleurs pour les liqueurs spiritueuses ce goût violent, si universel parmi les sauvages.

Nous passâmes bien des jours encore avant de recouvrer nos forces et de pouvoir digérer quelque nourriture substantielle. La seule que les Indiens fussent en état de nous procurer était de la chair d'orignal et de l'huile de veau marin, dont ils vivent uniquement pendant la saison de la chasse. Quoique le souvenir de tant de misères passées dût nous faire bénir le changement de notre situation et prêter des agréments à notre séjour parmi les sauvages, je me sentais fort empressé de les quitter, à cause des dépêches que l'on m'avait confiées, et qui pouvaient être de la plus grande importance pour le service de l'Etat ; d'autant plus que je ne pouvais ignorer que le duplicata s'était perdu dans le naufrage de la goëlette. Cependant j'étais encore dans une telle langueur, qu'il me fut impossible, pendant quelque temps, de faire le moindre exercice ; et j'éprouvai, ainsi que les compagnons de mes disgrâces, combien une atteinte si rude à la constitution était difficile à réparer.

Après une absence d'environ quinze jours, les

Indiens revinrent avec trois de nos gens, les seuls que la mort eût épargnés parmi les huit personnes que j'avais laissées dans la cabane. Ils nous apprirent qu'après avoir consommé toutes les provisions, ils avaient subsisté, pendant quelques jours, de la peau d'orignal que nous avions dédaigné de partager avec eux; que cette dernière ressource étant épuisée, trois étaient morts de faim, et que les autres avaient été dans l'horrible nécessité de se nourrir de leurs cadavres, jusqu'à l'arrivée des Indiens; que l'un des cinq qui restaient s'était livré avec tant d'imprudence à sa voracité, qu'il était mort au bout de quelques heures en des tourments inexprimables; enfin qu'un autre s'était tué par accident, en maniant les armes d'un sauvage. Ainsi notre troupe, composée d'abord de dix-neuf personnes, se trouvait alors réduite à neuf; et j'admire, toutes les fois que j'y pense, qu'une seule en eût pu réchapper, après avoir eu à combattre, durant l'espace de trois mois, toutes les misères combinées du froid, de la fatigue et de la faim.

Le délabrement de nos forces nous retint en ce triste lieu quinze jours encore, pendant lesquels je fus contraint, comme auparavant, de payer le prix le plus excessif pour notre nourriture et pour nos moindres besoins. Au bout de ce temps, ma santé se trouvant un peu rétablie et ma bourse presque épuisée, je me crus obligé de sacrifier mes convenances personnelles au devoir de mon service, et je résolus de porter mes dépêches au général Clinton avec toute la diligence dont j'étais capable, quoique ce fût la saison de l'année la moins propre à voyager. En conséquence, j'engageai deux Indiens à me conduire dans Halifax, moyennant quarante guinées que je leur payerais en y arrivant. Je me chargeai de plus de leur fournir sur la route toutes les provisions et tous les rafraîchissements convenables dans chaque partie habitée où nous pourrions passer. D'autres Indiens devaient conduire le reste de notre troupe à un établissement sur la *rivière Espagnole*, où ils resteraient jusqu'au printemps, pour attendre une occasion de gagner par mer Halifax. Je fournis au capitaine tout l'argent nécessaire à sa subsistance et à celle de ses matelots, pour une lettre de change qu'il me donna sur son armateur à New-Yorck. Celui-ci ne rougit point dans la suite de m'en refuser le payement, sous prétexte que le navire étant perdu, ni le capitaine ni l'équipage n'avaient plus rien à prétendre.

Je partis le 2 avril, accompagné de deux Indiens, de mon domestique et de M. Winslow, jeune passager de notre vaisseau, l'un des trois qui avaient survécu dans la cabane. Nous emportions chacun quatre paires de souliers indiens, une paire de souliers à neige, et des provisions pour quinze jours. Nous arrivâmes le soir dans un endroit que les Anglais nomment *Broad-Oar*, où une chute orageuse de neige nous retint tout le jour suivant. Nous repartîmes le 4, et, après une marche d'environ quinze milles, nous parvînmes sur les bords d'un très beau lac salé, nommé le lac Saint-Pierre, dont l'extrémité va communiquer en pointe avec la mer. En cet endroit nous fîmes la rencontre de deux familles indiennes qui allaient à la chasse. Je leur achetai pour quatre guinées un canot d'écorce, mes guides m'ayant prévenu qu'il nous serait souvent nécessaire pour traverser quelques parties du lac qui ne gèlent jamais. Comme nous devions en d'autres parties voyager sur la glace, je fus obligé d'acheter aussi deux traîneaux pour y placer le canot et le tirer après nous.

Après avoir goûté deux jours de repos et nous être munis de nouvelles provisions, nous reprîmes notre marche le 7, en la dirigeant pendant quelques milles le long des bords du lac ; mais la glace étant mauvaise, il nous fallut quitter cette route pour en prendre une dans les bois. La neige s'y trouvait élevée de six pieds. Un dégel mêlé de pluie, qui survint le lendemain, la rendit si molle, qu'il nous fut impossible de marcher plus longtemps sur sa surface. Nous fûmes donc obligés de nous arrêter. Un grand feu, un wigwam commode et des provisions abondantes nous aidèrent à supporter ce contre-temps fâcheux, sans dissiper toutefois nos inquiétudes. L'hiver était trop avancé pour espérer de voyager longtemps sur la neige sans le retour fortuit de la gelée, et, si elle ne devait plus revenir, le seul parti qui nous restait était d'attendre que le lac fût entièrement débarrassé de ses glaçons ; ce qui pouvait nous retenir encore quinze jours ou trois semaines. Notre situation, dans ce cas, devenait aussi malheureuse que celle où nous avions été réduits par notre naufrage, excepté que la saison était moins rude, que nous étions un peu mieux fournis de munitions, et que nous avions au moins des armes pour les renouveler.

Heureusement la gelée revint le 12, et nous crûmes devoir profiter de cette faveur dès le lendemain. Notre marche fut, ce jour-là, de six lieues, tantôt sur les glaces flottantes, tantôt dans notre pirogue. Le 14, nos provisions étant presque toutes consommées, je proposai d'aller à la poursuite du gibier, qui me paraissait abonder dans ce canton. Les sauvages, en général, ne songent guère qu'aux besoins du jour, sans se mettre en peine de ceux du lendemain. Cette prévoyance pouvait cependant être bien essentielle, puisqu'une fonte soudaine de la neige nous eût empêchés de sortir. J'allai dans les bois avec un de mes guides, et nous fûmes bientôt sur la trace d'un orignal, que mon Indien atteignit au bout d'une heure de chasse. Il l'ouvrit avec beaucoup d'adresse, recueillit le sang dans la vessie et dépeça le corps en grand quartiers, dont une partie fut portée sur nos épaules jusqu'à la pirogue. Nous envoyâmes chercher le reste par l'autre Indien, mon domestique et M. Winslow. Cette expédition nous valut un renfort de provisions assez considérable pour n'avoir plus la crainte d'en manquer dans le cas où un dégel subit nous eût empêchés de continuer notre route sur le lac ou dans les bois. Le 15 au matin nous partîmes de très bonne heure et nous fîmes six lieues dans la journée, ce qui abattit tellement nos forces, déjà épuisées par de longues souffrances, qu'il nous fut impossible de nous remettre en marche le lendemain. La fatigue nous retint encore jusqu'au 18, où nous reprîmes notre voyage de la même manière, c'est-à-dire partie sur les glaces flottantes, et partie sur la pirogue, dans les endroits où le lac n'était pas gelé. J'eus alors l'occasion d'observer les beautés de ce lac, l'un des plus beaux que j'aie vus en Amérique, quoique cette saison de l'année ne fût pas propre à le faire paraître avec tous ses avantages. Il est couvert d'un nombre infini de petites îles répandues çà et là sur sa surface, qui lui donnent un air de ressemblance avec le célèbre lac de Killarney et d'autres lacs d'eau douce en Irlande. On n'a jamais formé d'établissements sur ces îles. Cependant le sol en paraît très fertile, et leur séjour devrait être délicieux en été, si l'on pouvait se procurer de l'eau douce, dont elles manquent absolument, ce qui est sans doute la raison pour laquelle elles ne sont pas habitées. Si les glaces du lac eussent été continues et plus solides, nous aurions pu nous épargner bien du temps et des peines en marchant directement d'une pointe à une pointe et d'une île à l'autre, au lieu que, presque à chaque baie, nous étions obligés de nous enfoncer en de longs détours.

Le 20, nous arrivâmes à un endroit appelé Saint-Pierre, où se trouve un établissement de quelques familles anglaises et françaises. Je dois à la reconnaissance de faire mention de M. Cavanaugh, négociant anglais, dont nous fûmes reçus avec toutes sortes de politesses, et qui, sur le récit de mes malheurs, eut la confiance de m'avancer deux cents livres sterling pour une lettre de change que je lui donnai sur mon père, quoique notre nom lui fût entièrement étranger.

J'aurais pris à Saint-Pierre un bâtiment de pêcheur pour me rendre à Halifax, sans la crainte de tomber entre les mains des corsaires américains dont ces parages étaient alors infestés. Le lac, en cet endroit, n'étant séparé de la mer que par une forêt d'environ un mille de largeur, il ne fut question que de traîner notre pirogue à travers cet espace pour gagner le rivage et nous embarquer. Après nous être arrêtés les jours suivants en divers endroits peu remarquables, nous arrivâmes le 25 à Narrashoc, où nous fûmes accueillis avec la même hospitalité qu'à Saint-Pierre. Nous en partîmes le 26, dans notre pirogue, pour nous rendre à l'île Madame, située presque au milieu du passage du Canseau, par lequel l'île du Cap-Breton est séparée de l'Acadie ou Nouvelle-Ecosse.

Mais, à la pointe de cette île, nous découvrîmes une si grande quantité de glaces flottantes, qu'il eût été de la dernière imprudence d'y hasarder notre fragile nacelle. Nous retournâmes donc à

Narrashoc, où je frétai un bâtiment plus capable de leur résister. Je fis mettre à bord la pirogue, et le 27, à l'aide du vent le plus favorable, nous franchîmes en trois heures le passage, et nous débarquâmes au Canseau, qui lui donne son nom. Ensuite, après une navigation de dix jours le long des côtes, notre pirogue nous porta jusque dans le port d'Halifax.

Les Indiens, ayant reçu le prix dont nous étions convenus et les présents par lesquels je crus devoir satisfaire ma reconnaissance envers ceux à qui j'étais redevable du salut de ma vie, nous quittèrent au bout de quelques jours pour s'en retourner dans leur île. Comme il fallut attendre longtemps encore l'occasion d'un vaisseau, j'eus la satisfaction, pendant cet intervalle, de voir arriver mes compagnons d'infortune, que les autres Indiens s'étaient chargé de conduire par la *rivière Espagnole*. Enfin, après deux mois d'attente, je m'embarquai sur le vaisseau nommé *le Chêne Royal*, et j'arrivai à New-Yorck, où je remis au général Clinton mes dépêches tardives, dans l'état le plus délabré.

CLÉMENTINE ET MADELON

OU

LE BOUQUET QUI NE SE FLÉTRIT JAMAIS.

(EXTRAIT DE BERQUIN).

Avant que le soleil s'élevât sur l'horizon pour éclairer la plus belle matinée du printemps, la jeune Clémentine était descendue dans le jardin de son père, afin de mieux goûter le plaisir de déjeuner en parcourant ses longues allées. Tout ce qui peut ajouter au charme qu'on éprouve dans ces premières heures du jour se réunissait pour elle en ce ment. Le souffle pur du zéphir portait dans tous ses sens la fraîcheur et le calme. Son goût était flatté de la douceur des friandises qu'elle savourait; son œil, du tendre éclat de la verdure renaissante ; son odorat, du parfum balsamique de mille fleurs : et pour que son oreille ne fût pas seule sans plaisirs, deux rossignols allèrent se percher près de là sur le sommet d'un berceau de verdure pour la réjouir de leurs chansons de l'aurore. Clémentine était si transportée de toutes ces sensations délicieuses, que des larmes baignaient ses yeux, sans s'échapper cependant de sa paupière. Son cœur, agité d'une douce émotion, était pénétré de sentiments de tendresse et de bienfaisance. Tout-à-coup elle fut interrompue dans son agréable rêverie par le bruit des pas d'une petite fille qui s'avançait vers la même allée, en mordant, de grand appétit, un morceau de pain bis.

Comme elle venait aussi dans le jardin pour se récréer, ses regards erraient sans objet autour d'elle ; en sorte qu'elle arriva près de Clémentine sans l'avoir aperçue. Dès qu'elle la reconnut, elle s'arrêta tout court un moment, baissa les yeux vers la terre, puis elle retourna précipitamment sur ses pas. — Arrête ! arrête ! lui cria Clémentine ; attends-moi donc, attends-moi ; pourquoi te sauver ? Ces paroles faisaient fuir encore plus vite la petite sauvage.

Clémentine se mit à la poursuivre ; mais il ne lui fut pas possible de l'atteindre. Heureusement la petite fille avait pris un détour, et l'allée où se trouvait Clémentine allait directement aboutir à la porte du jardin. Clémentine se glisse doucement le long de la charmille épaisse qui formait la bordure de l'allée, et elle arrive au dernier buisson à l'instant même où la petite fille était prête à la dépasser. Elle la saisit à l'improviste, en lui criant : Oh ! je te tiens ! il n'y a plus moyen de te sauver.

La petite fille se débattait pour se débarrasser de ses mains. — Ne fais donc pas la méchante, lui dit Clémentine ; si tu savais le bien que je te veux, tu ne serais pas si farouche. Viens un moment avec moi. Ces paroles d'amitié, et plus encore le son flatteur de la voix qui les prononçait, rassurèrent la petite fille ; et elle suivit Clémentine dans un cabinet de verdure voisin.

— As-tu encore ton père ? lui dit Clémentine en l'obligeant de s'asseoir auprès d'elle.

MADELON. — Oui, mamselle.

CLÉMENTINE. — Et que fait-il ?

MADELON. — Toute sorte de métiers pour gagner sa vie. Il vient aujourd'hui travailler à votre jardin, et il m'a menée avec lui.

CLÉMENTINE. — Ah ! je le vois là-bas, dans le carré de laitues. C'est le gros Thomas. Mais que manges-tu à ton déjeuner ? voyons, que je goûte ton pain. Ah ! mon Dieu ! il me déchire le gosier. Pourquoi ton père ne t'en donne-t-il pas de meilleur ?

MADELON. — C'est qu'il n'a pas autant d'argent que votre papa.

CLÉMENTINE. — Mais il en gagne par son travail ; et il pourrait bien te donner du pain blanc, ou quelque chose pour faire passer celui-ci.

MADELON. — Oui, si j'étais sa seule enfant ; mais nous sommes cinq, qui mangeons de bon appétit. Et puis l'un a besoin d'une camisole, l'autre d'une jaquette. Ça fait tourner la tête à mon père, qui dit quelquefois : J'aurai beau travailler, jamais je ne gagnerai assez pour nourrir et vêtir toute cette marmaille.

Clémentine. — Tu n'as donc jamais mangé de confitures ?

Madelon. — Des confitures ? Qu'est-ce que c'est que ça ?

Clémentine. – Tiens, en voici sur mon pain.

Madelon. — Je n'en avais jamais vu de ma vie.

Clémentine. — Goûtes-en un peu. Ne crains rien ; tu vois bien que j'en mange.

Madelon, *avec transport.* — Ah ! mamselle, que c'est bon !

Clémentine. — Je le crois, ma chère enfant ; comment t'appelles-tu ?

Madelon, *se levant et lui faisant une révérence.* — Madelon, pour vous servir.

Clémentine. — Eh bien ! ma chère Madelon, attends-moi ici un moment. Je vais demander quelque chose pour toi à ma bonne, et je reviens aussitôt. Ne t'en vas pas au moins.

Madelon. — Oh ! je n'ai plus peur de vous !

Clémentine courut chez sa bonne, et la pria de lui donner encore des confitures pour en faire goûter à une petite fille qui n'avait que du pain sec pour déjeûner. La bonne se réjouit de la bienfaisance de son élève ; elle lui en donna dans une tasse, avec un petit pain mollet ; Clémentine se mit à courir de toutes ses jambes avec le déjeuner de Madelon.

— Eh bien ! t'ai-je fait longtemps attendre ? Tiens, ma chère, prends donc. Laisse-là ton pain noir, tu en mangeras assez une autre fois.

MADELON, *goûtant la confiture, et passant sa langue sur ses lèvres.* — C'est comme du sucre. Je n'avais rien mangé de si doux.

CLÉMENTINE. — Je suis charmée que tu le trouves bon. J'étais bien sûre que cela te ferait plaisir.

MADELON. — Comment! vous en mangez tous les jours ? Nous ne connaissons pas ça, nous pauvres gens.

CLÉMENTINE, — J'en suis assez fâchée. Ecoute. Viens me voir de temps en temps, je t'en donnerai. Mais comme tu as l'air de te bien porter ? N'es-tu jamais malade ?

MADELON. — Malade? moi? jamais.

CLÉMENTINE. — N'as-tu jamais de rhume? N'es-tu jamais enchifrenée ?

MADELON. - Qu'est-ce que c'est que ce mal ?

CLÉMENTINE. — C'est lorsqu'il faut tousser et se moucher sans cesse.

MADELON. — Oh ! ça m'arrive quelquefois ; mais ce ne sont pas des maladies.

CLÉMENTINE. — Et alors te fait-on rester au lit ?

MADELON. — Ha ! ha ! ma mère ferait un beau train, si je m'avisais de faire la paresseuse.

CLÉMENTINE. — Mais qu'as-tu à faire ? Tu es si petite !

MADELON. - Ne faut-il pas aller, dans l'hiver, ramasser du chardon pour notre âne, et du bois mort pour la marmite ? Ne faut-il pas, dans l'été, sarcler les blés, ou glaner ? cueillir les pommes et les raisins dans l'automne? Ah ! mamselle, ce n'est pas l'ouvrage qui nous manque.

Clémentine. — Et tes sœurs se portent-elles aussi bien que toi ?

Madelon. — Nous sommes toutes éveillées comme des souris.

Clémentine. — Ah ! j'en suis bien aise ! J'étais d'abord fâchée que Dieu semblât ne s'être pas embarrassé de tant de pauvres enfants ; mais puisque vous avez la santé, je vois bien qu'il ne vous a pas oubliés. Je me porte bien aussi, quoique je ne sois pas sûrement aussi robuste que toi. Mais, ma chère enfant, tu vas nu-pieds ; pourquoi ne mets-tu pas de chaussure ?

Madelon. — C'est qu'il en coûterait trop d'argent à mon père s'il fallait qu'il nous en donnât à à tous ; et il n'en donne à aucun.

Clémentine. — Et ne crains-tu pas de te blesser ?

Madelon. — Je n'y fais seulement pas attention. Le bon Dieu m'a cousu des semelles sous la plante des pieds.

Clémentine. — Je ne voudrais pas te prêter les miens. Mais d'où vient que tu ne manges plus ?

Madelon. — Nous nous sommes amusées à babiller, et il faut que j'aille ramasser de l'herbe. Il est bientôt huit heures. Notre bourrique attend son déjeuner.

Clémentine. — Eh bien ! emporte le reste de ton pain. Attends un peu. Je vais en ôter la mie, tu mettras la confiture dans le creux.

Madelon. — Je vais le porter à ma plus jeune sœur. Oh ! elle ne fera pas la petite bouche, celle-là ! Elle n'en laissera pas une miette, quand elle aura commencé à le lécher.

CLÉMENTINE. — Je t'en aime davantage d'avoir pensé à ta petite sœur.

MADELON. — Je n'ai rien de bon sans lui en donner. Adieu, mamselle.

CLÉMENTINE. — Adieu, Madelon. Mais souviens-toi de revenir demain à la même heure.

MADELON. — Pourvu que ma mère ne m'envoie pas ailleurs, je me garderai bien d'y manquer.

Clémentine avait goûté la douceur qu'on sent à faire le bien. Elle se promena quelque temps encore dans le jardin, en pensant au plaisir qu'elle avait donné à Madelon, à la joie qu'aurait sa petite sœur de manger des confitures.

Que sera-ce donc, se disait-elle, quand je lui donnerai des rubans et un collier! Je chercherai dans mon armoire quelques chiffons pour la parer. Nous sommes de même taille ; mes robes lui iront à ravir. Oh ! qu'il me tarde de la voir bien ajustée!

Le lendemain Madelon se glissa encore dans le jardin. Clémentine lui donna des gâteaux qu'elle avait achetés pour elle.

Madelon ne manqua pas d'y revenir tous les jours. Clémentine ne songeait qu'à lui donner des friandises. Lorsque ses épargnes n'y suffisaient pas, elle priait sa maman de lui faire donner quelque chose de l'office, et sa mère y consentait avec plaisir.

Il arriva un jour que Clémentine reçut une réponse affligeante. Elle priait sa mère de lui faire une petite avance sur ses pensions de la semaine, pour acheter des bas et des souliers à Madelon, afin qu'elle n'allât plus nu-pieds. Non, ma chère Clémentine, lui répondit sa mère.

— Et pourquoi donc, maman?

— Je te dirai à table ce qui me fait désirer que tu sois un peu moins prodigue envers ta favorite.

Clémentine fut surprise de ce refus. Elle n'avait jamais tant soupiré que ce jour-là après l'heure du dîner. Enfin on se mit à table.

Le repas était déjà fort avancé, sans que sa mère lui eût dit la moindre des choses qui eût trait à Madelon. Enfin un plat de chevrettes qu'on servit fournit à madame d'Alençay l'occasion d'entamer ainsi l'entretien.

MADAME D'ALENÇAY. — Ah! voilà le mets favori de ma Clémentine, n'est-il pas vrai? Je suis bien aise qu'on nous en ait servi aujourd'hui.

CLÉMENTINE. — Oui, maman, j'aime beaucoup les chevrettes ; et voici la saison où elles sont excellentes.

MADAME D'ALENÇAY. — Je suis sûre que Madelon les trouverait encore meilleures que toi.

CLÉMENTINE. — Ah! ma chère Madelon! je crois qu'elle n'en a jamais vu. Si elle apercevait seulement ces longues moustaches, elle en aurait une peur, une peur! je la vois d'ici s'enfuir à toutes jambes. Maman, si vous vouliez me le permettre, je serais bien curieuse de voir la mine qu'elle ferait. Tenez, rien que deux pour elle, quand ce seraient les plus petites.

MADAME D'ALENÇAY. — J'ai de la peine à t'accorder ce que tu me demandes.

CLÉMENTINE. — Et pourquoi donc, maman, vous qui faites du bien à tant de monde? Je vous ai aussi demandé ce matin un peu d'argent pour acheter des bas et des souliers à Madelon, et vous m'avez refusé. Il faut que Madelon vous ait fâchée. Est-ce qu'elle aurait fait quelque dégât dans le jardin? Oh! je me charge de la gronder.

MADAME D'ALENÇAY. — Non, ma chère Clémentine, Madelon ne m'a point fâchée. Mais veux-tu, par ta bienfaisance envers elle, faire son bonheur ou son malheur?

CLÉMENTINE. — Son bonheur, maman. Dieu me garde de vouloir la rendre malheureuse!

MADAME D'ALENÇAY. — Je voudrais aussi de tout mon cœur la voir plus fortunée, puisqu'elle a su mériter ton attachement. Mais est-il bien vrai, Clémentine, qu'elle mange son pain tout sec à déjeuner?

CLÉMENTINE. — C'est bien vrai, maman. Je ne voudrais pas vous tromper.

MADAME D'ALENÇAY. — Comment! elle s'en est contentée jusqu'à présent?

CLÉMENTINE. — Mon Dieu, oui! Et quand ce serait de la frangipane, je ne la mangerais pas avec plus de plaisir qu'elle ne mange son pain bis.

MADAME D'ALENÇAY. — Il me paraît qu'elle a bon

appétit. Mais je ne puis me persuader qu'elle aille nu-pieds.

Clémentine. — C'est toujours nu-pieds que je l'ai vue. Demandez au jardinier.

Madame d'Alençay. — Elle se les met donc tout en sang lorsqu'elle marche sur le sable et sur les cailloux ?

Clémentine. — Point du tout. Elle court dans le jardin comme une biche, et dit en riant que le bon Dieu lui a cousu une paire de semelles sous les pieds.

Madame d'Alençay. — Je sais que tu n'es pas menteuse ; mais je t'avoue que j'ai bien de la peine à croire ce que tu me dis. Je voudrais bien voir les grimaces que ferait ma Clémentine en mangeant du pain bis tout sec, sans beurre ni confitures.

Clémentine. — Oh ! je sens qu'il me resterait au gosier.

Madame d'Alençay. — Je ne serais pas moins curieuse de voir comment elle s'y prendrait pour aller nu-pieds.

Clémentine. — Tenez, maman, ne vous fâchez pas ; mais hier je voulus l'essayer. Etant dans le jardin, je tirai mes souliers et mes bas pour marcher pieds nus. Je les sentais tout meurtris, et cependant je continuai d'aller. Je rencontrai un tesson. Aye ! cela me fit tant de mal que je retournai tout doucement reprendre ma chaussure, et je me promis bien de ne plus marcher les pieds nus. Ma pauvre Madelon ! elle est cependant ainsi tout l'été.

MADAME D'ALENÇAY. — Mais d'où vient donc que tu ne peux manger du pain sec ni aller nu-pieds comme elle?

CLÉMENTINE. — C'est peut-être que je n'y suis pas accoutumée.

MADAME D'ALENÇAY. — Mais si elle s'accoutume, comme toi, à manger des friandises et à être bien chaussée, et qu'ensuite le pain sec lui répugne, et qu'elle ne puisse plus aller nu-pieds sans se blesser, croiras-tu lui avoir rendu un grand service?

— CLÉMENTINE. — Non, maman ; mais je veux faire en sorte que de toute sa vie elle ne soit plus réduite à cet état.

MADAME D'ALENÇAY. — Voilà un sentiment très généreux : et tes épargnes te suffiront-elles pour cela?

CLÉMENTINE. — Oui bien, maman, si vous voulez y ajouter tant soit peu.

MADAME D'ALENÇAY. — Tu sais que mon cœur ne se refuse jamais à secourir un malheureux, lorsque l'occasion s'en présente. Mais Madelon est-elle la seule enfant que tu connaisses dans le besoin?

CLÉMENTINE. — J'en connais bien d'autres encore. Il y en a deux surtout, ici près dans le village, qui n'ont ni père ni mère.

MADAME D'ALENÇAY. — Et qui sans doute, auraient bien besoin de secours?

CLÉMENTINE. — Oh! oui, maman.

MADAME D'ALENÇAY. — Mais si tu donnes tout à Madelon, si tu la nourris de biscuits et de confitures, en laissant les autres mourir de faim, y aura-t-il bien de la justice et de l'humanité dans cet arrangement ?

Clémentine. — De temps en temps je pourrai leur donner quelque chose ; mais j'aime Madelon par-dessus tout.

Mamame d'Alençay. — Si tu venais à mourir, et que Madelon se fût accoutumée à avoir toutes ses aises...

Clémentine. — Je suis bien sûre qu'elle pleurerait ma mort.

Madame d'Alençay. — J'en suis persuadée. Mais la voilà qui retomberait dans l'indigence ; il faudrait peut-être qu'elle fît des choses honteuses pour continuer de se bien nourrir et de se bien parer ; qui serait alors coupable de sa perte ?

Clémence, *tristement.* — Moi, maman. Ainsi donc, il faut que je ne lui donne plus rien ?

Madame d'Alençay. — Ce n'est pas ma pensée. Je crois cependant que tu ferais bien de lui donner plus rarement de bons morceaux, et de lui faire plutôt le cadeau d'un vêtement.

Clémentine. — J'y avais pensé. Je lui donnerai, si vous voulez, quelqu'une de mes robes. .

Madame d'Alençay. — J'imagine que ton fourreau de satin rose lui siérait à merveille, surtout sans chaussure.

Clémentine. — Bon! tout le monde la montrerait au doigt. Comment donc faire ?

Madame d'Alençay. — Si j'étais à ta place, j'économiserais pendant quelque temps sur mes plaisirs ; et lorsque j'aurais ramassé un peu d'argent, je l'emploierais à lui acheter ce qu'elle aurait de plus nécessaire. L'étoffe dont les enfants des pauvres s'habillent n'est pas bien coûteuse.

Clémentine suivit le conseil de sa mère. Madelon vint la trouver plus rarement à l'heure de son déjeuner ; mais Clémentine lui faisait d'autres cadeaux plus utiles. Tantôt elle lui donnait un tablier, tantôt un cotillon, et elle payait ses mois d'école chez le magister du village pour qu'elle achevât de se perfectionner dans la lecture.

Madelon fut si touchée de ces bienfaits, qu'elle s'attacha de jour en jour plus tendrement à Clémentine. Elle venait souvent la trouver, et lui disait : Auriez-vous quelque commission à me donner ? pourrais-je faire quelque ouvrage pour vous ? Et lorsque Clémentine lui donnait l'occasion de lui rendre quelque léger service, il aurait fallu voir la joie avec laquelle Madelon s'empressait de l'obliger.

Elle s'était rendue un jour à la porte du jardin de Clémentine, pour attendre qu'elle y descendît, mais Clémentine n'y descendit point. Elle y retourna deux jours de suite : Clémentine ne paraissait point.

La pauvre Madelon était désolée de ne plus voir sa bienfaitrice. Ah ! disait-elle, est-ce qu'elle ne m'aime plus ? Je l'aurai peut-être fâchée sans le vouloir. Au moins, si je savais en quoi, je lui en demanderais pardon. Je ne pourrais pas vivre sans l'aimer.

La femme de chambre de madame d'Alençay sortit en ce moment. Madelon l'arrêta.

— Où donc est mamselle Clémentine ? lui demanda-t-elle.

— Mademoiselle Clémentine ? répondit la femme de chambre ; elle n'a peut-être pas longtemps à vivre. Je la crois à toute extrémité. Elle a la petite vérole.

— O Dieu ! s'écria Madelon, je ne veux pas qu'elle meure !

Elle court aussitôt vers l'escalier, monte à la chambre de madame d'Alençay : Madame, lui dit-elle, par pitié, dites-moi où est mamselle Clémentine : je veux la voir. Madame d'Alençay voulut retenir Madelon ; mais elle avait aperçu, par la porte entr'ouverte, le lit de Clémentine, et elle était déjà à son côté.

Clémentine était dans les agitations d'une fièvre violente. Elle était seule et bien triste ; car toutes ses petites amies l'avaient abandonnée.

Madelon saisit sa main en pleurant, la serra dans les siennes et lui dit : Ah ! mon Dieu, comme vous voilà ! Je resterai le jour et la nuit auprès de vous; je vous veillerai, je vous servirai ; me le permettez-vous ? Clémentine lui serra la main, et lui fit comprendre qu'elle lui ferait plaisir de demeurer auprès d'elle.

Voilà donc Madelon devenue, par le consentement de madame d'Alençay, la garde de Clémentine. On lui avait dressé une couchette à côté du lit de la petite malade ; elle était sans cesse auprès d'elle. A la moindre plainte que laissait échapper Clémentine, Madelon se levait pour lui demander ce qu'elle avait, et puis, se mettant en prière, elle demandait pieusement à Dieu de protéger sa malade. Elle lui présentait elle-même les remèdes prescrits par les médecins. Elle cherchait dans son imagination tout ce qui était capable d'amuser Clémentine et de la distraire de ses souffrances. Un peu de patience, lui disait-elle, le bon Dieu aura pitié de vous comme vous avez eu pitié de moi. Elle pleurait à ces mots ; puis séchant aussitôt ses larmes : Voulez-vous que je vous chante une jolie chanson ? Clémentine n'avait qu'à faire signe, et Madelon lui chantait toutes les chansons qu'elle avait apprises des petits bergers d'alentour. Le temps se passait de la sorte sans que Clémentine éprouvât trop d'ennui.

Enfin sa santé se rétablit peu à peu : ses yeux se rouvrirent, son accablement se dissipa, ses boutons séchèrent, et l'appétit lui revint.

Elle avait le visage encore tout couvert de rougeurs. Madelon semblait ne la regarder qu'avec plus de plaisir, en songeant au danger qu'elle avait couru de la perdre. Clémentine, de son côté, s'attendrissait aussi en la regardant. Comment pourrai-je, lui disait-elle, te payer, selon mon cœur, de tout ce que tu as fait pour moi ? Elle demandait à sa maman de quelle manière elle pourrait récompenser sa tendre et fidèle gardienne. Madame d'Alençay, qui ne se possédait pas de joie de voir sa chère enfant rendue à la vie après une maladie si dangereuse, lui répondit : Laisse-moi faire, je me charge de nous acquitter l'une et l'autre envers elle.

Elle fit faire secrètement pour Madelon un habillement complet. Clémentine se chargea de le lui essayer le premier jour où il lui serait permis de descendre dans le jardin. Ce fut un jour de fête dans toute la maison. Madame d'Alençay et tous ses gens étaient enivrés d'allégresse du rétablissement de Clémentine. Clémentine était transportée du plaisir de pouvoir récompenser Madelon ; et Madelon ne se possédait pas de joie de revoir Clémentine dans les lieux où avait commencé leur connaissance, et encore de se trouver toute habillée de neuf de la tête aux pieds.

FIN.

LIMOGES ET ISLE.
Imprimeries de Louis et Eugène Ardant frères.

www.ingramcontent.com/pod-product-compliance
Lightning Source LLC
LaVergne TN
LVHW012356220826
846092LV00002B/552

* 9 7 8 2 3 2 9 6 9 7 7 3 4 *